AF316421

LA LANTERNE

DE DIOGENE,

OU

NE VOUS FACHEZ PAS,

C'EST LA VÉRITÉ.

La liberté de la presse n'existe que quand on peut
déplaire impunément à ceux qui ont l'autorité.
Autrement c'est une chimère.

DEPUIS long-tems je ne voyois plus ni
patrie, ni citoyens, et ma seule étude étoit
celle d'apprendre à m'isoler de mon pays, à
me détacher de tout ce qui pouvoit me faire
tenir à la vie, à faire sans regrets les sacrifices les plus durs et les plus pénibles en
eux-mêmes ; il falloit bien obéir aux lois
de la nécessité qui sembloit avoir arrêté que
la France seroit pour un siècle une terre
d'antropophages, un cimetière ou devoient
être ensevelis avant 10 ans tout ce qui pouvoit exister d'hommes vertueux et sensibles,
d'êtres aimans et aimés de leurs semblables
et sans lesquels l'existence est un fardeau

A

insuportable : cette résolution forte et cruelle
à-la-fois quand on est à la fleur de l'âge,
on ne la prend pas avant d'avoir soutenu
bien des assauts ; cependant j'étois assez bien
affermi dans mon stoïcisme et à cela près de
quelques crises et de quelques soulèvemens
passagers de la nature, ma triste philosophie
m'avois roidi contre les évènemens ; je vivois
solitaire au milieu d'une ville immense dont
une partie étoit dans le délire et l'autre dans
la plus profonde consternation. Toujours dé-
voué à la mort, je ne me séparois jamais
du fer et du poison que je m'étois bien
promis de partager si j'en trouvois l'occasion
avec ceux qui seroient les derniers arbitres
de mon sort ; au moins je me vengerai avant
de mourir, me disois-je, et j'aurai atteint
mon but si je puis exciter, par un exemple,
la terreur et la défiance dans l'ame de juges
iniques, inaccessibles à tout autre sentiment.

J'étois dans cette disposition d'esprit lors-
qu'est arrivée la révolution ou plutôt la journée du 9 Thermidor qui je l'avouerai, ne
m'a point fait la sensation qu'on assure
avoir été générale ; et l'on en connoîtra bientôt
la raison : cependant comme depuis quelque tems les circonstances ont changé à un

point qu'il est permis d'avoir quelqu'espoir de sortir du cahos et que si chacun y veut, mettre du sien, on pourra peut-être en accélérer l'instant tant désiré, je me crois obligé, comme tout citoyen qui peut avoir des vues utiles, de dire mon avis sur notre position actuelle afin de le faire goûter si je pense vrai, et de diriger vers le bien général les efforts de ceux qui le veulent et qui y travaillent de bonne foi. Mais avant d'aborder les questions délicates sur lesquelles j'ai intention de m'expliquer, il est nécessaire de dire deux mots sur cette dernière révolution si mal ou si imparfaitement comprise : je ne flagornerai point la Convention, je ne parlerai point a demi mot, je m'ouvrirai avec franchise et en homme libre; dusse-je être comme Lacroix décrété d'accusation sur une seule phrase, être jugé royaliste sans être entendu, peu m'importe ; la seule chose que je craigne c'est que le comité de sureté générale dévançant Duhem ne fasse saisir cet écrit avant de l'avoir lu, car on ne se console pas de ses malheurs quand ils n'ont été utiles à personne.

Je reviens donc et je dis que j'ai été d'abord faché de voir tomber Robespierre avant les grands scélérats ses complices ou ses ministres : depuis peu il les poursuivoit avec acharnement et il vouloit briser des instrumens dangereux ; je voyois dans cette conduite peut-être plus d'espoir pour la patrie que dans la mort présente de cet adroit, de ce fourbe ambitieux ; car il étoit probable qu'après avoir terrassé ses rivaux, ses appuis, sa propre confiance l'eût perdu, et que semblable au chêne orgueilleux qui s'élève sur une montagne au milieu d'arbres qui le protègent contre la fureur des vents, il n'eût point tardé à être abattu s'il fût resté seul à lutter contre les orages : quelqu'eussent pu être les évènemens nous pouvons cependant nous féliciter de celui-là, ne fût ce que pour les innocens qui ont échappé au carnage. Disons seulement que sa chûte ne doit point être attribuée à la partie saine de la Convention, car l'erreur ou l'effroi qu'il avoit su inspirer subsistoit toujours, mais qu'elle est due à ces insignes scélérats qu'il a eu l'impolitique de poursuivre et de signaler tout à-la-fois, que ceux-ci mieux entendus sur leurs intérêts, se sont réunis sans s'aimer et sous le prétexte du bien public qui ne fut jamais pour eux qu'un mot dérisoire, ont lutté, et qu'ils ont été victorieux. Je sais que les députés bien intentionnés les ont sécondés, mais entraînés sans le savoir par le parti conjuré: en effet quels sont ceux qui ont demandé les premiers l'arrestation et la mort de Robespierre, ne sont ce point les Billaud, Collot, Barère et tous les auteurs de la loi du 22 Prairial que je ne nomme pas ; n'est ce point à l'occasion du rapport de Saint-Just dirigé contre plusieurs d'entr'eux ? Me persuadera-t-on jamais que la majorité de la Convention si docile jusqu'alors aux suprêmes volontés de nos dictateurs ait fait par pur amour de l'humanité les efforts de courage qui nous ont délivrés ce jour là de quelques uns, de ces monstres ; l'esprit de jalousie, la division des chefs, les dangers personnels, voilà les vrais motifs et les seuls probables : il ne faut qu'avoir examiné avec attention les évènemens qui ont précédé et suivi immédiattement cette époque pour être convaincu de ce que j'avance. Que de manœuvres employées pour arrêter et enchaîner l'essor de l'indignation publique dont l'effervéscence effrayoit à juste titre les nombreux successeurs de Robespierre ! Combien de demi mesures , quelle foiblesse, quelle lenteur avant de lever le voile qui couvroit tant d'opprobre et de forfaits ! n'a-t-on pas vu long-tems après encore, les accusations de Lecointre regardées comme calomnieuses , les jacobins rentrés dans leur caverne , le sanguinaire et hideux Marat transporté avec pompe au panthéon , les comités révolutionnaires conservés , la terreur prolongée et justifiée ouvertement , l'innocence et la vertu souvent réduite au silence ; n'a-t-on pas vu le scandaleux procès de Carrier et l'établissement de ces formes longues et tortueuses imaginées pour le sauver lui et ses semblables ? S'il a été arraché enfin à la Convention par les cris du peuple courroucé , la sécurité des membres des anciens comités de gouvernement en a-t-elle diminué ? N'a-t-il pas fallu six mois d'attente aux députés proscrits avant de rentrer dans une assemblée dont leur honorable fermeté les avoit fait exclure ? Tout prouve jusqu'à l'évidence qu'il n'a fallu rien moins que la lâcheté , la mésintelligence et l'incapacité de nos tyrans qui nous ont laissé le tems de reprendre haleine et qui forcés de faire périr Robespierre sous le prétexte de ses crimes,

(7)

ont manqué de courage et n'ont fait que
balbutier quand nous avons demandé où
étoient ses complices. Oui c'est l'erreur générale sur la journée du 9 Thermidor qui
a fait notre salut ; presque tous les gens
de bien ont cru qu'on avoit voulu détruire
le regne de sang pour y substituer le regne
des lois, la vraie liberté : c'est cette con-
viction salutaire quoique fausse qui encou-
rageant les opprimés et réveillant en eux
l'énergie éteinte par une longue persécution,
a fait retentir la voute de la Convention
de ces adresses pathétiques et hardies qui
ont fait pâlir et déconcerté ces monta-
gnards lâches et sanguinaires, qui ont ému,
qui ont rappelé de leur criminel silence,
ces représentans pusillanimes dont les yeux
ont vu immoler de sang froid des familles
entières, des milliers d'hommes vertueux ;
le tableau fidèle des maux de la patrie
déchirée, a touché leurs cœurs long-tems
glacés, ils ont rougi d'avoir survécu à tant
d'atrocités, et beaucoup ont fait de géné-
reux efforts pour faire oublier leurs torts
et leur criminelle inaction ; il en est qui
ont servi d'interprêtes et de régulateurs à
l'opinion publique se prononçant tous les

A 4

jours avec plus d'activité pour un autre ordre de choses, sans lequel une explosion terrible étoit à craindre : c'est alors que vous avez vu ces nombreuses conversions en hommes de bien et que tant de scélérats se sont hâtés de s'envelopper du manteau de la justice et de la vertu : c'est alors que les députés bien intentionnés mais timides à l'excès, forts du vœu général, ont osé lever la tête à leur tour, et que la Convention étant forcée de suivre l'impulsion et le mouvement qui lui étoit imprimé, chaque jour a été une nouvelle victoire et un nouveau pas pour sortir de l'anarchie ; ce n'est que par cette marche graduelle et lente que nous sommes parvenus enfin après bien des allarmes et des difficultés, jusqu'à ce moment où entrevoyant l'étoile de salut, il est possible d'examiner par quels moyens nous pourrons arriver au but dont nous nous sommes éloignés si long-tems ; heureux encore après nos malheurs si profitant d'une affreuse expérience nous avons appris à nous garantir contre ceux qui nous menacent. Malheureusement la nation française n'a pas un caractère de consistance très-rassurant, quoiqu'il nous soit bien nécessaire, car nos

ennemis calculent sur notre tendance nouvelle au repos et à la sécurité. Il n'y a pas
long-tems que Fouché de Nantes le digne
émule de Collot, disoit à quelqu'un qui se
plaignoit de la persécutiou des prétendus
patriotes : patience, patience, notre tour
viendra, il faut attendre. Certes il avoit
raison, il ne faut pas se fier au calme ap-
parent, il y a tant de gens qui perdent au
rétablissement de l'ordre, qu'ils mettront
tout en œuvre pour le troubler ou l'empêcher
de s'établir : ils n'y réussiront pas je l'espère,
quelles que soient leurs tentatives; mais comme
cela dépend entièrement de l'union et de
l'énergie des vrais amis de la patrie, je veux
leur faire part de quelques réflexions qui
m'ont frappé et qui surement opéreront sur
eux un effet semblable.

D'après la peinture fidèle que j'ai faite
de la Convention ; d'après sa conduite à
différentes époques, d'après l'état actuel des
choses, il est bien constant à mes yeux,
qu'elle ne fera pas tout le bien possible,
et qu'elle est même incapable telle qu'elle est
de nous amener à un résultat heureux qui
seroit facile à des législateurs qui jouiroient
plus généralement de la confiance publique.

La Convention est composée d'une majorité d'hommes de bien dont le grand nombre manque de moyens et d'un assez grande minorité d'astucieux, de profonds scélérats décidés à tout tenter pour entraver la marche de la justice, de la paix et de tout gouvernement qui ne sera pas le leur : les circonstances et le tems où se fit la nomination de cette assemblée donnoient tant de facilités à l'intrigue , qu'il n'est pas étonnant qu'on y ait vu siéger tant de monstres ennemis du bonheur de la société. Il me semble donc qu'il est indispensable non pas que toute la Convention soit renouvellée, ce seroit peut-être dangereux dans ce moment critique, mais qu'elle exclue elle-même par un scrutin épuratoire une centaine de membres indignes de traiter des destinées de la France ; la majorité étant bonne, cette mesure commandée par notre position aura du succès, et je propose pour cela que tous les députés en mission la plupart estimables soient rappelés pour concourir à cette importante opération, excepté ceux dont la présence est urgente soit aux armées, soit dans les départemens. Je voudrois en outre que tous les arrêtés pris par les représentans du peuple avant le 9 Thermidor, fussent envoyés de tous les départemens, afin qu'ils fussent connus de toute l'assemblée et du public ; il y en a qui sont de nature à caractériser leurs auteurs et à fixer l'opinion : je voudrois de plus que les députes expnlsés fussent remplacés par les départemens qu'ils représentent, et que si quelques uns étoient réélus, ils fussent admis au sénat ; il faut tout prévoir jusqu'à une injustice, et le peuple sauroit la réparer : de cette manière, il arriveroit un surcroit de lumières et de vertu qui augmenteroit infiniment la confiance en la représentation nationale, qui consolideroit ses travanx et effaceroit ce sentiment d'horreur et d'aversion qu'inspirent aux ames sensibles les discussions les plus intéressantes quand elles sont souillées des noms de nos assassins assez impudens pour oser encore proférer une parole. Loin de moi cette idée de réunion, qui si elle n'étoit impossible seroit au moins monstrueuse ; comment supposer que la vertu puisse s'unir avec le vice, et que le dévastateur gorgé des dépouilles de son pays, veuille de concert avec le député simple et ami de la justice, travailler de bonne foi à établir un régime si opposé à ses principes ? Disons-le ouvertement, celui qui demande cette belle réunion des cœurs demande l'impunité et de telles motions font aussi peu d'honneur à ceux qui en sont les auteurs qu'à ceux qui aiment à les entendre.

Vous qui me lisez vous n'avez sans doute jamais cru que huit à dix hommes en ayent mené par force sept cents dans la carrière de l'injustice et du crime ; ainsi ne m'en veuillez pas si j'en veux oter une centaine : au surplus je ne tiens pas à quelques-uns de plus ou de moins, et cette mesure n'est qu'accessoire ou préparatoire pour une autre d'une bien plus grande importance, pour une autre sans laquelle tous nos efforts tous nos sacrifices auront été vains, je veux parler de la révision de la constitution de 93 ; je vois déjà à cette proposition une nuée de dénonciateurs courir à la tribune, et pleins d'indignation pour cet écrit, crier qu'il n'y a plus de doute que l'on veuille opérer la contre-révolution ; mais laissons les faire et continuons, rassurés par la pureté de nos intentions : oui c'est pour ce grand œuvre de la révision et du complément de notre constitution, que je demande l'épuration de la

Convention nationale : la précipitation avec
la quelle elle a été rédigée, les circonstances
dans lesquelles elle a été acceptée, le motif
qui l'a déterminée, l'incompétence d'une
représentation incomplette et tyrannisée,
tout doit la faire paroître illégale; cette
pancarte n'a été imprimée que pour servir
de point de ralliement aux massacreurs
du 31 mai et à la commune conspira-
trice, elle a été jurée par une très-petite
portion du peule, dans un tems ou la
France réclamoit de toutes parts par des
adresses qu'on appelloit fédéralistes, l'inté-
grité de la Convention ; dans un tems où
la terreur étoit telle que si quelque citoyen
eût voulu proposer des amendemens ou
refuser son vœu à cette constitution jettée
en moule en moins de quinze jours, il eût
perdu sa liberté physique, la seule dont on
jouisse depuis long-tems ; il eût été incar-
ceré et peut-être immolé! Oh je vous le demande à vous tous qui êtes dépouillés d'esprit de parti, dites moi, croyez-vous qu'un
pareil ouvrage dont la sanction a été forcée
et qui déplaira toujours par cette raison,
les principes en fussent-ils tous bons, jouira
d'une bien longue durée ? Croyez-vous que

la signature du président Collot-d'Herbois, lui servira de passeport valable pour parvenir à la postérité? Croyez-vous enfin que l'assemblée qui succèdera à celle-ci ou une autre plus reculée, n'argumentera pas des circonstances où elle aura été faite pour en vouloir donner une autre, et alors nous tombons dans le plus grave des inconvéniens, celui de n'avoir rien de stable et de constant. Pour moi je crois indispensable que la Convention ne se sépare pas avant d'avoir mis la dernière main à cette production trop maigre et imparfaite qu'on veut aujourd'hui faire mouvoir, mais qui ne constitueroit jamais qu'un gouvernement provisoire. Quand par les mesures que j'ai proposées, ou telles autres équivalentes, nos Législateurs épurés jouiront de la confiance de la nation, espérons alors d'obtenir des résultats heureux, de consolider notre existence politique, de faire des traités durables, et d'obtenir une paix honorable et prompte, dont le besoin est senti sur tous les points de la République.

Telles sont les principales réflexions et les vues que je voulois communiquer. Si elles sont goûtées dans les assemblées de sec-

(15)

tion , elles ne manqueront pas d'acquérir
une nouvelle force, et je ne doute pas qu'elles
ne fissent impression sur la majorité de la
Convention si elles étoient présentées par
une masse de citoyens purs et bien intentionnés.

Je voulois aussi parler du 31 mai ; il
m'eût été bien facile de prouver que les
80,000 citoyens à qui on veut faire l'ou-
trage d'attribuer cette Journée, ne sont
restés sous les armes que par les ordres de
la commune de Paris , malgré le désir général de faire respecter et de maintenir l'in-
tégrité de la Convention ; mais ceci est connu
de tout le monde et les Parisiens depuis
long-tems connoissent par quelles intrigues
et quels moyens on les a tenus enchaînés
pour être spectateurs passifs des attentats
commis sur des mandataires fidèles à leur
devoir dont le crime étoit de ne point vouloir capituler avec le crime. J'espère qu'avant
peu nous honorerons la cendre de ceux
qui sont morts pour une si belle cause ;
que l'on consacrera des jours de deuil pour
appaiser tant de mânes qui crient vengeance
que d'autres seront destinés à imprimer pro-
fondément l'horreur de l'oppression , en rap-

pelant chaque année le souvenir amer de nos malheurs. Je laisse à décider s'il ne conviendroit pas de consacrer à cet objet les jours complémentaires, platement appelés Sans-Culotides; ils sont hors de l'année comme le régime où nous avons vécu étoit hors de la nature.

Quelque soit le sort qu'aura cet écrit, j'avoue que je serois fâché qu'il ne fût pas connu; ne fût-ce que pour rappeler à ceux à qui il va déplaire, les amans de la constitution de 93, que dans cette même constitution il y a dans la déclaration des droits de l'homme un art. XXXI qui dit, *les délits de mandataires du peuple ne doivent jamais rester impunis*; qu'ils veulent donc bien se tâter le pouls et croire qu'il vaut mieux encore n'avoir point de gouvernement, que d'en établir un qui commencera par leur demander compte du sang qu'ils auront fait répandre.

De son tems Diogéne cherchoit des hommes et n'en trouvoit pas; de nos jours seroit-il plus heureux!

C. G. H. G.

30 Ventôse, an 3ᵉ de la République.

www.ingramcontent.com/pod-product-compliance
Lightning Source LLC
LaVergne TN
LVHW010105060726
842524LV00006B/2333